CM
cycle 3

L'orphelin
qui devint un grand chasseur de phoques et autres histoires

L'orphelin qui devint un grand chasseur de phoques
Jacques Pasquet

L'orpheline
Djibril Tamsir Niane

Les trois frères
Conte maya

Contes et récits vietnamiens
Minh-Than

Notes de **Pascal Dupont**
Formateur
IUFM Midi-Pyrénées

hachette
ÉDUCATION

Crédits textes
« L'orphelin qui devint un grand chasseur de phoques », extrait des *Contes Inuit de la banquise*, Jacques Pasquet, collection « Contes de la planète bleue »,© 2005 - Éditions d'Orbestier
« L'orpheline », extrait des *Contes d'hier et d'aujourd'hui*, Djibril Tamsir Niane, © 1985 - Présence Africaine
Contes et récits vietnamiens, © Guy Delcourt Productions – Minh-Than,
© Hachette Livre pour la présente édition.
ISBN : 978-2-01-117345-4

43 quai de Grenelle 75905 Paris cedex 15
www.hachette-education.com

AVANT-PROPOS

De la littérature, pour quoi faire ?

Les apprentissages fondamentaux : parler, lire, écrire ne sauraient se résumer à des savoir-faire décontextualisés et vides de sens. Ouvrir aux enfants la porte de la littérature, c'est les introduire dans des univers imaginaires, leur permettre de répondre à des questions existentielles à travers des œuvres de fiction, susciter leur curiosité et leur appétit d'apprendre.
À partir de ces références littéraires, les enfants se constitueront une première culture qui entrera en résonance avec les expériences et les lectures à venir.

Quelles œuvres choisir ?

Le bibliobus Hachette propose aux jeunes lecteurs des œuvres intégrales classiques et contemporaines propres à nourrir leur réflexion, à faire naître des interrogations, et qui sont adaptées à leur connaissance de la langue et à leur compréhension.
Elles sont sélectionnées parmi la bibliographie de 300 titres établie par le ministère de l'Éducation nationale, les fonds Jeunesse d'éditeurs renommés et des inédits de qualité.

Devenir lecteur

On le sait depuis longtemps : il ne suffit pas d'avoir appris à lire pour devenir lecteur. Le goût et le plaisir de lire ne peuvent se développer qu'à partir de rencontres fréquentes avec les textes. Il convient donc, avant tout, de lire beaucoup.

Les adultes accompagneront les enfants sur le chemin de la lecture en lisant eux-mêmes des textes à haute voix et à travers des débats qui peuvent être très libres. Ils donneront ainsi aux enfants l'occasion de partager des émotions, d'éprouver leur liberté d'interprétation tout en les guidant dans leur compréhension.
Ainsi, ils les aideront peu à peu à tisser des réseaux de significations entre différentes œuvres.

La littérature à l'école

L'école s'est fixé deux objectifs majeurs pour le cycle 3 dans ses programmes.
L'un qualitatif : « Le programme de littérature du cycle 3 vise à donner à chaque élève un répertoire de références appropriées à son âge. Il permet ainsi que se constitue une culture commune susceptible d'être partagée, y compris entre générations ».
L'autre quantitatif : « Chaque année, deux classiques doivent être lus et au moins huit ouvrages appartenant à la littérature de jeunesse contemporaine ».

Il appartient aux éducateurs : enseignants, parents, médiateurs du livre, de relayer cette ambition.

Pascal Dupont
Formateur à l'IUFM Midi-Pyrénées

Conte du Grand Nord

L'orphelin qui devint un grand chasseur de phoques

Jacques Pasquier

Illustré par Marianne Maury-Kaufmann

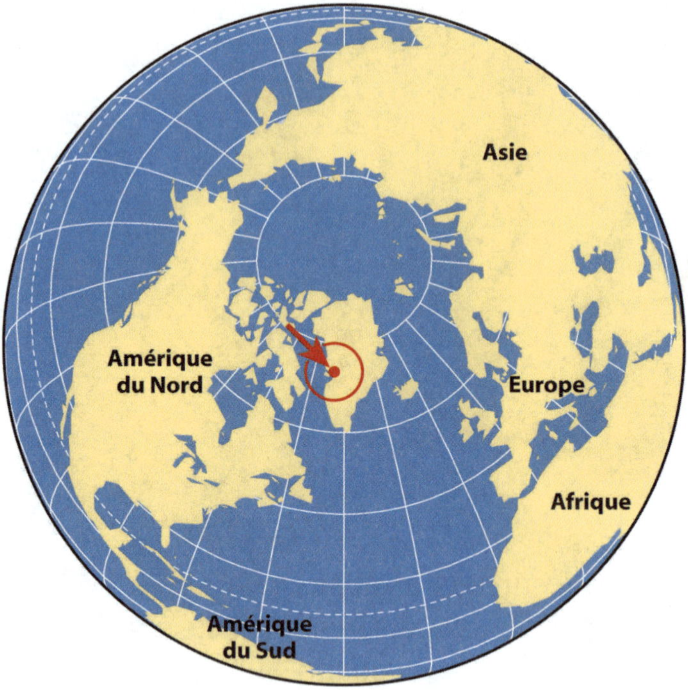
Asie
Amérique
du Nord
Europe
Afrique
Amérique
du Sud

Ce pauvre garçon était la risée de toute sa communauté. Le destin ne l'avait pas choyé, loin de là ! Quelques semaines après sa naissance, ses parents avaient perdu la vie quand leur canot s'était retourné. Il fut adopté par des cousins, mais sa vie n'en devint pas pour autant plus agréable. En plus d'être particulièrement laid, le jeune garçon bégayait. C'était beaucoup pour quelqu'un qui entrait plutôt du mauvais pied dans la vie.

un orphelin : enfant ou adolescent qui a perdu ses parents

être la risée : être celui dont tout le monde se moque

choyé : gâté

bégayer : parler avec difficulté en butant sur les mots et en répétant des syllabes

peu commun : rare

une bévue : maladresse

Comme si cela ne suffisait pas, le malheureux en vieillissant se révéla être d'une maladresse peu commune. La liste de bévues ne cessait de s'allonger de jour en jour.

Ainsi, lorsqu'il devait enfiler ses bottes, ou bien il ne les trouvait tout simplement plus, incapable de savoir où il les avait déposées ou bien il se trompait de pied. Quand venait le temps de découper sa viande avec son ulu, il lui arrivait souvent de se couper la langue. Si, par hasard, il s'éloignait un peu du village, on était certain qu'il allait se perdre.

un ulu : couteau des chasseurs de phoques

À force d'erreurs et de maladresses, il finit par devenir celui dont on se moquait le plus. Et comme personne ne voulait qu'il touche aux choses ou qu'il participe aux jeux ou aux tâches collectives, le jeune garçon passait son temps à se promener dans le village en souriant. Ne sachant plus quoi faire de ses mains, il avait pris l'habitude de les garder constamment dans les poches de son parka, ce qui lui valut le nom de « celui qui a mangé ses mains ».

un parka : manteau court à capuche en peau chez les Inuits

une brimade : vexation

un quolibet : raillerie

une mesquinerie : coup bas

un harpon : large flèche fixée à une hampe utilisée pour pêcher les gros poissons ou les baleines

Malgré les moqueries et les brimades dont il faisait l'objet, le jeune garçon ne se fâchait jamais. Le plus souvent, il se contentait de rire. Pourtant, lorsqu'il se retrouvait seul, il ressentait chaque quolibet, chaque mesquinerie comme une blessure. Il se réfugiait alors dans ses rêves, se disant qu'un jour il serait aussi capable que les autres de mettre ses bottes correctement et même de se servir d'un harpon.

Ainsi vivait le jeune garçon dont tout le monde se moquait.

Un matin, il vit les chasseurs se préparer pour une expédition. Il leur demanda de l'emmener avec eux affirmant qu'il pourrait toujours leur être utile, ne serait-ce que pour garder le campement. Ils refusèrent prétextant qu'il leur porterait malheur et que la chasse serait mauvaise. Il les laissa partir mais sans pour autant renoncer à son projet.

une expédition : voyage de chasse

prétextant : donnant une explication qui dissimule la véritable raison du refus

Discrètement, le jeune garçon avait suivi les chasseurs. Lorsqu'il se manifesta au campement, tous furent étonnés de le voir là, se demandant comment il avait pu faire pour arriver à eux sans se perdre. Ils acceptèrent qu'il reste, mais à une seule condition : il ne devait sous aucun prétexte les suivre ou s'aventurer sur la banquise.

la banquise : dans les régions polaires, épaisse couche de glace qui se forme à la surface de la mer

Ils allaient chasser le phoque et n'avaient pas besoin de lui. Le jeune garçon n'insista pas, trop heureux de pouvoir rester au campement. Il passa sa première journée à attendre le retour des autres. Mais il se lassa rapidement et, au lieu de rester assis à surveiller la banquise, il décida de faire le tour du campement. C'est alors qu'il découvrit un morceau d'os de phoque sur le sol. Il le ramassa et se mit à le ronger, histoire de passer le temps. À un moment donné, il envoya l'os en l'air et essaya de le saisir au vol mais à chaque fois il le manquait et l'os retombait sur le sol.

se lasser : en avoir assez

Il tentait une nouvelle fois sa chance quand une image lui vint à l'esprit. Il se rappela soudain, alors qu'il était plus jeune, avoir vu le chaman dans une de ses séances de contact avec les esprits. Il envoyait un os dans le ciel, le laissait retomber et, selon la façon dont il se trouvait placé sur le sol, était capable de dire beaucoup de choses utiles à la communauté. Machinalement, le jeune garçon fit le même geste et attendit que l'os retombe sur le sol. Il constata que la partie plate faisait face au ciel et en conclut que c'était un signe de chance. Désormais, tout lui était possible.

un chaman : sorte de sorcier qui communique avec les esprits de la nature

une communauté : groupe de personnes de même langue et origine

braver :
passer outre

traquer :
pourchasser du gibier

un iglou :
habitation construite par les Inuits avec des blocs de neige ou de glace à l'occasion des chasses hivernales

dépité :
très déçu

Bravant l'interdiction qui lui avait été faite, il se lança sur la banquise et ne tarda pas à rejoindre les chasseurs, tout près des eaux vives où ils traquaient le phoque. Très étonnés de le voir là, lui qui n'était même pas capable de rentrer seul dans son iglou sans risquer de s'égarer, ils lui demandèrent qui l'avait guidé jusqu'à eux. Comme d'habitude, il ne répondit pas se contentant de sourire. Trop fatigué et surtout dépité de n'avoir encore rien pris, aucun des chasseurs ne voulut en savoir plus. Ils n'avaient qu'une idée en tête : retourner au campement pour s'y reposer. Tandis qu'il rentrait avec eux, pas un seul ne remarqua un détail important : les mains du jeune garçon n'étaient plus dans les poches de son parka.

Un peu plus tard, profitant du sommeil des chasseurs, le jeune garçon s'empara d'un des harpons. Il repartit sur la banquise malgré l'obscurité et se rendit sans hésiter au bord des eaux vives. L'os l'avait dit : il était désormais capable de tout. Aussi, lorsqu'il revint au campement au petit jour, deux phoques sur chaque épaule, les autres restèrent stupéfaits et incrédules. Comment avait-il pu prendre ces phoques ? La seule explication qu'ils trouvèrent, c'est qu'il avait dû les voler à d'autres chasseurs. Mais cette fois, le jeune garçon ne se contenta pas de sourire.

être incrédule : ne pas pouvoir croire

à contrecœur : malgré eux

d'emblée : tout de suite

un don : talent

Il les obligea à venir avec lui, les menaçant d'une terrible colère si l'un d'eux refusait. Ils le suivirent à contrecœur sur la banquise jusqu'à l'endroit où il était venu durant la nuit. Une nouvelle fois, il sauta sur les glaces les plus minces et les plus instables pour s'approcher des eaux vives. Il se cala sur l'un des blocs et appela le phoque. Il en sortit deux, coup sur coup, en réponse à son appel. Deux superbes mâles qu'il tua avec adresse. Les autres chasseurs, voyant cela, l'acceptèrent d'emblée comme un des leurs. Il partagea ses prises avec eux pour leur confirmer qu'il savait bien que ces phoques n'étaient pas sa propriété – bien qu'il les ait tués lui-même – mais un don accordé par la nature aux humains.

À compter de ce jour, plus personne ne se moqua du jeune garçon. Il devint même le chasseur le plus habile et le plus respecté de sa communauté, ne manquant jamais ses proies. Et lorsqu'on lui demandait comment il avait fait pour qu'il en soit ainsi, il se contentait de sourire, caressant de la main le morceau d'os de phoque qu'il portait toujours en pendentif.

Ainsi se passa la vie du jeune garçon orphelin devenu un grand chasseur.

Conte africain

L'orpheline

Djibril Tamsir Niane

Illustré par Christian Kingue Epanya

Amérique
du Nord
Europe
Asie
Afrique
Amérique
du Sud
Antarctique

Il était une fois une orpheline qui s'appelait Tiyène. Sa mère mourut quand elle n'avait que sept ans ; elle fut élevée par la co-épouse de sa mère, une marâtre, une méchante marâtre. Celle-ci avait une fille du même âge que Tiyène ; mais c'est à Tiyène qu'incombaient tous les travaux ménagers dans la maison.
Dès le point du jour, elle était debout, balayait la cour, allumait le feu et préparait la bouillie de riz pour le petit-déjeuner ; avant que la marâtre ne fût sur pied, Tiyène était déjà revenue de la rivière avec la jarre remplie d'eau fraîche. Quand la marâtre sortait de sa case, la cour était propre, le petit-déjeuner servi et Tiyène, sous l'oranger au milieu de la cour, pilait le riz ou le mil pour le repas de midi.

une orpheline : enfant qui a perdu ses parents

une marâtre : belle-mère qui maltraite ses enfants

incomber : revenir

le point du jour : l'aube

une jarre : grand vase de terre cuite

piler : broyer, réduire en poudre

le mil : céréale à petits grains cultivée en Afrique

le gombo : plante cultivée en Afrique dont on mange le fruit comme légume

l'oisiveté : le fait de ne rien faire, d'être complètement libre

une tutrice : responsable d'un enfant

une tâche : un travail

Sa sœur Mata se levait quand le soleil était bien haut dans le ciel ; elle faisait sa toilette en chantant, prenait son petit-déjeuner et allait dans le jardin potager cueillir piment, gombo, aubergine tout en fredonnant des chansons. C'était la belle vie, l'oisiveté. Le dîner fini, Mata rejoignait son groupe d'âge. Ce n'étaient que chants et danses, courses folles à travers les ruelles du village sous le clair de lune.

Pendant ce temps, Tiyène travaillait, lavait ; elle lavait et rangeait la vaisselle. La méchante tutrice inventait toujours quelque tâche nouvelle, jusque tard dans la nuit.

un mortier : gros bol utilisé en cuisine dans lequel on réduit en poudre les aliments

décortiquer : retirer l'enveloppe d'un fruit, d'une graine

l'arachide : cacahuète

Des années passèrent. Mais Tiyène n'était d'aucune fête. Elle ne prenait jamais part aux danses ; elle n'allait pas au fleuve en même temps que ses camarades d'âge pour laver le linge en groupe et jouer sur le sable. On la voyait assise, triste, sous l'oranger, près du mortier, fredonnant quelques tristes chants ; ou bien le soir venu, toujours solitaire, elle décortiquait l'arachide devant la case pendant que le tam-tam crépitait sur la place.

rabrouer : parler durement à quelqu'un

biner : retourner la terre

la brousse : étendue couverte de buissons et d'arbustes

un fagot : tas de petites branches liées ensemble et utilisées pour allumer un feu

le sort : situation dans laquelle on se trouve

se morfondre : s'ennuyer profondément

Comme toutes les filles de son groupe d'âge, elle avait aussi son ami du nom de Bandian, un jeune adolescent que la marâtre rabrouait et chassait chaque fois qu'il se présentait à la maison.

Bandian venait en cachette aider Tiyène à arroser, à biner le jardin ; quand la méchante mère envoyait son amie chercher du bois de cuisine, Bandian l'accompagnait dans la brousse et portait pour elle un bon fagot jusqu'au village. Tiyène avait beau être fatiguée, triste, dès qu'elle voyait Bandian son visage s'illuminait et un rayon de bonheur traversait son cœur. Il était le seul être qui s'intéressait au sort de l'orpheline.

Par les nuits de claire lune, quand toute la jeunesse chantait et dansait, Tiyène se morfondait à la maison et Bandian errait solitaire, ne prenant pas part à la joie collective qui faisait vibrer la place sous les rugissements du tam-tam.

promettre : annoncer

une manifestation : fête

grandiose : magnifique

la fièvre : excitation

l'abondance : grande quantité

Cette année-là, les cultures du village promettaient de bonnes récoltes, la fête du riz qui était toujours l'occasion de grandes manifestations s'annonçait grandiose ; les Anciens en avaient fixé la date au 10 de la prochaine lune, en pleine moisson. Dès que le croissant se montra au couchant, la fièvre s'empara de tous les villages alentour ; des coups de feu se répondirent de village en village pour saluer la lune de l'abondance.

Alors commencèrent les préparatifs de la fête ; il y avait dans un village voisin une coiffeuse célèbre, c'est chez elle que se rendaient les jeunes filles pour se faire coiffer. Les jeunes filles du groupe d'âge de Tiyène décidèrent de se rendre ensemble dans ce village. C'était un petit voyage, car il fallait une grande journée de marche pour arriver à ce village et une autre journée pour le retour.

Le troisième jour de la nouvelle lune, le groupe de jeunes filles quitta le village, chacune emportant un peu de provisions de bouche. Mata était du voyage, mais Tiyène était restée, n'ayant pas eu l'autorisation de la marâtre.

Mais quelques jeunes filles qui avaient beaucoup d'amitié pour l'orpheline n'avaient pas voulu l'abandonner ; elles l'aidèrent dans les travaux que la méchante femme avait imposés à Tiyène avant de pouvoir partir chez la coiffeuse. Ensemble elles balayèrent la cour, elles pilèrent le mil, le fonio, le maïs ; pendant que certaines jeunes filles faisaient la cuisine, d'autres étaient allées en brousse ramasser du bois. Les braves filles firent tant et si bien qu'avant le milieu du jour tout était fait. La cour était propre, le linge lavé, le repas de midi prêt, le riz, le maïs, le mil pilés et bien rangés ; les calebasses lavées et frottées brillaient au soleil.

des provisions de bouche : de la nourriture

le fonio : céréale cultivée en Afrique

une calebasse : récipient fabriqué à partir d'une grosse courge qui a été vidée et séchée

Tiyène, toute heureuse, courut annoncer à la marâtre que tout était fait.
« As-tu balayé la cour ?
– Oui, mère, j'ai balayé la cour.
– As-tu bien frotté les calebasses ?
– Oui, mère, j'ai bien frotté les calebasses.
– Le repas est-il prêt ?
– Oui, mère, le repas est prêt.
– As-tu pilé le riz et le maïs ?
– Oui, mère, j'ai pilé le riz et le maïs.
– As-tu rempli d'eau toutes les jarres ?
– Oui, mère, j'ai rempli d'eau toutes les jarres.
– Va donc voir si la grande jarre dans la cour est remplie. »

filer : se précipiter

D'une traite l'orpheline fila jusqu'à la jarre de la cour, c'était un grand vase qu'on remplissait d'eau pour les passants, une jarre publique. Elle était vide.
La marâtre lui lança :
« Tu n'iras te coiffer que lorsque cette jarre sera pleine. »

Aussitôt Tiyène et ses camarades coururent jusqu'au puits. Mais la jarre était percée ; comment peut-on remplir une jarre percée ? La méchante femme avait percé le fond du vase.

Découragées, les camarades de Tiyène dirent : « Nous partons, si ta mère te laisse venir, tu trouveras une branche fraîchement cueillie que nous mettrons en travers du bon chemin, quand tu arriveras au carrefour des trois sentiers, au pied de la montagne. »
Et elles filèrent vers le village de la coiffeuse.

décliner : se coucher

une case : habitation des pays chauds construite avec des matériaux légers

La pauvre orpheline s'assit près du vase percé et se mit à pleurer. Le soleil déclinait à l'horizon. Quand le soleil disparut derrière la montagne, la méchante tutrice sortit de sa case et dit :
« Tu n'as donc pas rempli la jarre !
– Le fond est percé.
– Ne pouvais-tu pas le dire plus tôt ? Allez, va chez la coiffeuse, cours, rattrape tes camarades, petite écervelée. »

écervelé : étourdi

un baluchon : paquet d'objets personnels enveloppés dans du tissu

Alors Tiyène bondit de joie, fit rapidement un baluchon et s'échappa comme un oiseau qu'on libère. Elle courait, courait ; il fallait qu'elle arrive au carrefour des trois sentiers avant le crépuscule.

En route, elle rencontrait des paysans qui rentraient au village ; ils la regardaient sans comprendre pourquoi cette course folle à cette heure tardive. Elle arriva tout essoufflée au carrefour des trois sentiers : le vent avait emporté hors des sentiers la branche que ses camarades avaient placée là. Elle resta perplexe un instant. La nuit tombait.
« Tant pis, je prends le sentier de droite », se dit-elle. Et elle se remit à courir.

folle : rapide

perplexe : embarrassé, qui ne sait que penser

C'était déjà la nuit, la lune toute mince et pâle éclairait faiblement la campagne ; l'orpheline s'arrêta soudain. Le sentier donnait sur une grotte au pied d'une haute montagne. Une femme était assise à côté d'un feu sur lequel bouillait une marmite exhalant une odeur de viande.

exhaler : dégager, répandre

La femme s'écria :
« Qui es-tu, pauvre petite ? Que viens-tu faire dans l'antre du Monstre ? Je suis l'épouse du Monstre redouté dont vous parlent les chasseurs. Pauvre petite, quand mon mari sera là, il te mangera. »

Alors Tiyène raconta son histoire et la femme du Monstre lui dit :
« Eh bien, si tu es courageuse, moi je peux te coiffer et tu seras la plus belle jeune du pays ; mais si tu as peur, mon mari te mangera.
– Coiffe-moi, mère, dit Tiyène, je n'ai pas peur. Coiffe-moi, mère. »

Alors l'étrange épouse du Monstre alluma une lampe à huile et entra avec Tiyène dans la caverne. La lampe magique inonda la caverne de lumière : on voyait, accrochés sur les parois, des squelettes de chasseurs que le Monstre avait tués ; des crânes humains étaient jetés en vrac dans un coin. La femme du Monstre étendit une natte et elle observa Tiyène ; l'orpheline embrassa d'un regard circulaire la caverne macabre ; puis sans dire un mot, sans un frisson, elle se coucha et posa la tête sur les jambes étendues de la femme.

en vrac : en désordre
une natte : tapis formé de brins entrelacés
circulaire : qui fait le tour
macabre : sinistre

Où le courage paie

une tresse : entrelacement de plusieurs mèches de cheveux

À peine la femme avait-elle commencé à couvrir la tête de Tiyène de fines tresses qu'un bruit effroyable fit trembler la terre et les squelettes furent secoués sur les murs tandis que les têtes roulaient éparses dans la grotte.

Wo wo wo yirr
Wo wo wo yiri yurr.

glacer : paralyser

C'était le cri formidable du Monstre rentrant de chasse. Tiyène avait entendu les chasseurs parler de ce cri formidable qui vous glace de peur et vous empêche de courir.

improvisé : inventé sans avoir été préparé

L'orpheline répliqua dans un chant improvisé :

Coiffe-moi, mère, coiffe-moi
Couvre ma tête de tresses jolies
Coiffe-moi, je n'ai pas peur
La peur n'éloigne pas la mort
Coiffe-moi, fais-moi de jolies tresses.

outré : scandalisé

narguer : provoquer

Alors le Monstre fut d'un bond devant la grotte, outré de voir qu'un être humain le narguait. Il poussa un cri encore plus formidable.

Et l'orpheline dit :

Coiffe-moi comme il faut, mère,
Couvre ma tête de tresses jolies
Je n'ai pas peur de la mort.

Le Monstre furieux entra dans la grotte et avala l'orpheline des pieds jusqu'à la taille.

Et Tiyène de chanter encore :

Coiffe-moi, mère, coiffe-moi comme il faut
Je n'ai pas peur de la mort
Coiffe-moi, mère, couvre ma tête de tresses jolies.

Le Monstre, voyant que la jeune fille était vraiment courageuse, lâcha prise et dit : « Femme, coiffe cette enfant, qu'elle soit la plus belle de tout le pays. »

Au point du jour, quand la coiffeuse eut terminé son œuvre, le Monstre passa la main sur la tête de la jeune fille. Aussitôt ses cheveux se couvrirent de bijoux d'or et d'argent. Il passa sa main sur le visage de Tiyène qui rayonna d'une beauté radieuse ; ses yeux eurent l'éclat de l'étoile du matin et ses belles dents blanches brillèrent, enchâssées dans des gencives d'un bleu indigo. Tiyène sourit et l'éclat de ses dents illumina la grotte.

radieux : éclatant

enchâssé : inséré

Le Monstre avait pris une forme moins horrible ; en réalité c'était un génie au pouvoir extraordinaire.
Il dit :
« Te voilà belle, va donc te mirer à la source. »
En effet, près de la grotte coulait une source à l'eau très limpide. Tiyène se pencha sur l'eau, et ne se reconnut pas : sa tête couverte d'or et d'argent brillait de mille éclats. Elle sauta de joie et se mit à battre des mains.
Le Monstre lui dit :
« Promets-moi de ne sourire à personne avant le jour de la fête.
– C'est promis », dit Tiyène.
Alors la coiffeuse lui mit un beau foulard sur la tête.

se mirer : se contempler

limpide : claire et transparente

Le triomphe de l'amour

L'orpheline resta deux jours chez la coiffeuse et retourna au village la veille de la fête.
Au petit matin, Tiyène rentra au village. Elle était d'une beauté remarquable. Tout le village accourut chez elle. Sa marâtre l'invita à montrer sa coiffure : Tiyène refusa catégoriquement. Ses camarades d'âge l'invitèrent à se découvrir : Tiyène secoua la tête de gauche à droite pour dire non.

catégoriquement : tout net

Déjà à la cour du roi on ne parlait que de Tiyène. Le roi fit venir Tiyène ; elle arriva à la cour suivie d'une foule nombreuse.
« Montre ta coiffure au roi », dit la marâtre d'une voix douce, « et souris ma fille, je te donnerai une vache. »

la cour : résidence du roi

Tiyène refusa.
Alors le roi dit :
« Découvre ta coiffure et souris, belle Tiyène, je te donnerai un troupeau de cent bœufs, je te donnerai un cent de toutes choses. »
Tiyène refusa catégoriquement en secouant la tête. Alors son ami, son jeune ami, Bandian, son jeune compagnon, s'approcha d'elle et dit : « Oh ma belle, à moi tu ne saurais refuser de sourire. »
À peine avait-il fini de parler que Tiyène sourit.

un cent : centième

Le soleil pâlit aussitôt sous l'éclat des dents de la belle Tiyène. Toute la foule fut éblouie et poussa de grands cris de joie. Le roi lui donna un cent de toutes choses et voulut la donner en mariage au prince. Tiyène pleura et s'enfuit.
Mais le Monstre vigilant avait fait suivre Tiyène par un oiseau. Quand Tiyène fut seule devant la case, elle entendit l'oiseau chanter.

ébloui : émerveillé

La mère de Tiyène invita Tiyène à sourire
Tiyène refusa de sourire
La mère de Tiyène offrit une vache à Tiyène
Et Tiyène refusa de sourire
Le roi promit un troupeau de bœufs à Tiyène
Et Tiyène refusa de sourire
Mais aussitôt que l'ami de Tiyène l'invita à sourire
La belle Tiyène sourit et montra ses belles dents.

Tiyène se leva et vit l'oiseau qui s'envolait vers le repaire du Monstre ; d'arbre en arbre l'oiseau s'arrêtait et chantait. Tiyène courait toujours après l'oiseau vers la grotte.
Tiyène courait, courait. Elle courait en pleurant, car elle n'avait pas respecté la parole jurée. Elle arriva en larmes, essoufflée devant la grotte, et l'oiseau chanta :

juré : donné

La mère de Tiyène invita Tiyène à sourire
Tiyène refusa de sourire
La mère de Tiyène offrit une vache à Tiyène
Et Tiyène refusa de sourire
Le roi promit un troupeau de bœufs à Tiyène
Et Tiyène refusa de sourire
Mais aussitôt que l'ami de Tiyène l'invita à sourire,
La belle Tiyène sourit et montra ses belles dents.

fondre en larme : se mettre à pleurer brusquement et très fort

un parjure : qui ne respecte pas sa parole

l'au-delà : après la mort

nuptial : relatif au mariage

une dot : biens ou somme d'argent qu'une femme apporte en se mariant

La pauvre orpheline tomba à genoux et fondit en larmes.
« Ne pleure pas, dit le Monstre. Tu n'as pas été parjure. Tu as cédé à l'amour, or l'amour est sacré, c'est le seul bien que l'homme emporte dans l'au-delà. Va, Tiyène, sois l'épouse de Bandian. Il t'aime. »

Alors le Monstre frappa avec une baguette l'arbre dressé devant la grotte, aussitôt Tiyène se vit entourée d'une foule de serviteurs, habillés de riches habits. L'un d'eux avança un beau cheval blanc, deux écuyers mirent Tiyène en selle. Et le riche cortège nuptial se mit en route. Le Monstre donna une dot fabuleuse à Tiyène.

Devant tant de richesse, la marâtre dit à sa fille : « Va toi aussi à la grotte du monstre, va et fais-toi coiffer par sa femme. »
Mata partit.
« Que viens-tu faire ? lui demanda la femme du Monstre.
– Je viens me faire coiffer, je veux être plus belle que ma sœur Tiyène.
– Mais seras-tu courageuse ? Mon mari est le Monstre mangeur d'hommes.
– Ma sœur n'a pas eu peur, pourquoi aurais-je peur ?
– Alors viens. »
Elle s'étendit sur la natte et la femme du Monstre commença à la coiffer.

Mais soudain un rugissement. Et la terre trembla.
« Qu'est-ce ? Qu'est-ce donc ? cria Mata.
– C'est mon mari qui rentre de la chasse.
– Oh mère, cache-moi, cache-moi. »
Elle se leva, tremblant de tous ses membres.
« Cache-moi, cache-moi. »

Elle se précipita dans la grotte et vit accrochés aux parois des squelettes et par terre des têtes de mort. Elle sortit en courant. À ce moment le monstre arrivait devant la grotte, il rattrapa la fugitive et l'avala.

un fugitif : une personne qui s'est enfuie

Ainsi mourut Mata, la fille de la marâtre. Quant à Tiyène, elle devint l'épouse de Bandian et ils furent très heureux.
L'orphelin est sous la protection divine. Prenez garde de faire pleurer l'orphelin.

Conte maya

Les trois frères

Illustré par Carole Xénard

Asie
Europe
Afrique
Amérique
du Nord
Amérique
du Sud

Balam-Quitzé, Balam-Acab et Iqui-Balam étaient trois jeunes frères. Personne ne savait d'où ils venaient ; eux-mêmes n'auraient pu dire exactement leur pays d'origine ni le nom de leurs parents. Mais une voix mystérieuse leur avait donné la certitude qu'ils étaient nés de l'autre côté de la mer et leur avait promis qu'un jour leurs descendants seraient les maîtres du pays qu'ils habitaient. Les trois frères couraient donc les routes, livrant bataille à tous ceux qu'ils rencontraient, soumettant tous leurs adversaires et s'emparant de leurs armes.

les descendants : enfants et petits-enfants

courir : parcourir

livrer bataille : combattre

Un jour, les tribus contre lesquelles les trois frères combattaient se réunirent en conseil.

mater : obliger à obéir

« Il faut absolument mater ces trois fous, dirent les anciens, autrement nous cesserons d'être libres.

sous la dépendance : sous l'autorité

– Ce ne serait encore rien d'être sous leur dépendance, se lamenta un autre, ce qui est beaucoup plus grave c'est qu'il ne nous reste plus un guerrier : ils ont tous été vaincus et plusieurs ont été massacrés au cours des combats.

massacré : tué sauvagement

– Cette situation ne peut durer !
– Nous n'arriverons jamais à les vaincre par la force. Il faut que nous trouvions une ruse. Que pourrions-nous bien imaginer ? »

On attendait avec impatience la décision des trois chefs des tribus qui étaient entourés du plus grand respect. Le plus âgé prit la parole.

« Balam-Quitzé, Balam-Acab et Iqui-Balam ont l'habitude de se baigner dans le fleuve, au fond de la vallée. Demandons à trois de nos plus jolies filles d'y aller. Elles feront en sorte que les trois guerriers tombent amoureux d'elles : elles nous les amèneront ici et nous pourrons alors les tuer ou les garder comme esclaves.

un esclave : personne privée de liberté qui appartient à un maître

Un grand silence suivit ces paroles, puis tous les assistants approuvèrent d'un air grave.

« Souhaitons que ce coup réussisse, dirent-ils. Il ne nous reste qu'à choisir les jeunes filles. »

Ce fut facile : on savait déjà que dans une des tribus se trouvaient trois jeunes filles d'une merveilleuse beauté. L'ennui c'était que toutes trois mouraient de peur rien qu'à l'idée d'avoir à rencontrer les trois frères dont la réputation était terrible.

la réputation : ce que les gens pensent de quelqu'un

Elles tremblaient tellement que le vieux chef leur dit :
« Vous devez absolument parler à nos ennemis ; vous irez là-bas autant de fois qu'il le faudra jusqu'à ce qu'ils s'éprennent de vous. Mais pour que nous soyons sûrs que vous les aurez approchés, vous nous rapporterez un objet leur appartenant. Nous aurons ainsi la preuve que vous ne vous serez pas cachées dès leur arrivée. »
Les trois jeunes filles baissèrent la tête sans répondre, mais elles n'osèrent pas refuser.

s'éprendre : tomber amoureux

Elles partirent donc le lendemain matin et se dirigèrent vers les berges fraîches et ombragées du fleuve, emportant trois corbeilles remplies de linge à laver. Elles s'agenouillèrent près de l'eau et commencèrent leur lessive, le cœur ému, tremblant à chaque frémissement de feuille, à chaque bruit insolite.
Le soleil était déjà haut dans le ciel quand les trois frères apparurent sur la berge d'en face, dans un terrible cliquetis d'armes. Ils virent les trois envoyées qui les regardaient, immobiles sur l'autre rive, et s'arrêtèrent soupçonneux.

une berge : le bord du fleuve

ému : bouleversé

un frémissement : léger tremblement

insolite : étrange

le cliquetis : bruit sec provoqué par l'entrechoquement des armes

soupçonneux : méfiant

« Qui êtes-vous ? héla Balam-Quitzé.
– D'où venez-vous ? s'enquit Balam-Acab.
– Que faites-vous là, sur la berge de notre fleuve ? » cria sévèrement Iqui-Balam.
Les trois beautés avaient peur et honte : elles baissèrent les yeux en silence. Enfin, la plus courageuse, Qutah, belle parmi les belles, leva la tête et dit :
« Les chefs de nos tribus nous ont envoyées ici pour qu'en nous voyant, vous tombiez amoureux de nous et veuillez nous suivre.
– Ah vraiment ? et les trois jeunes gens éclatèrent de rire.
– Merci de nous avoir prévenus : de toute façon, vous ne réussirez pas à nous voir.
– Il faut reconnaître, dit finement Balam-Acab, que ce sont de braves filles : elles ont agi loyalement.
– Certainement, approuva Balam-Quitzé, et elles méritent notre reconnaissance.
– Que pouvons-nous faire pour vous, toutes belles ? » demanda alors Iqui-Balam.

finement : habilement

loyalement : avec honnêteté

se consulter : prendre l'avis des uns et des autres

Les trois jeunes filles se consultèrent à voix basse, puis Qutah répondit pour toutes :
« Les chefs nous ont ordonné de leur apporter quelque chose qui vous appartienne pour leur donner la certitude que nous n'avons pas eu peur de vous adresser la parole. Si nous ne le faisons pas, nous serons sûrement punies. »

Cette réponse amusa beaucoup les jeunes gens. Ils plongèrent dans le fleuve et nagèrent jusqu'à la rive opposée. Là, tout ruisselants, ils s'approchèrent des jeunes filles.
« Vos chefs veulent une preuve ? Eh bien, ils l'auront ! »
Ils déplièrent les manteaux qu'ils avaient attachés à leur ceinture avant de plonger dans l'eau, les mirent à sécher au soleil et les offrirent aux trois jeunes filles.
« Voilà la preuve que vous nous avez parlé. Que vos chefs portent nos capes, ils verront bien que vous avez été courageuses ! »
Après avoir prononcé ces paroles, les trois jeunes gens disparurent dans le bois, laissant leur cadeau aux trois jeunes filles qui se regardaient stupéfaites.

un jaguar : félin d'Amérique du Sud, proche de la panthère

un essaim : un groupe serré

Les capes étaient magnifiques !
Un jaguar était peint sur la première, sur la seconde, un aigle, sur la troisième, un essaim de guêpes et de bourdons.
Les jeunes filles rentrèrent immédiatement chez elles et se présentèrent aux chefs encore essoufflées.

« Nous voilà, dit Qutah, nous avons rencontré les trois guerriers, nous leur avons parlé et avons reçu ces trois cadeaux.
– C'est tout ? demanda le vieux sage.
– Demain nous les verrons encore près du fleuve », ajouta effrontément Qutah, sachant bien qu'elle mentait. Jamais, au grand jamais, elle n'aurait avoué comment les faits s'étaient déroulés.

effrontément : avec hardiesse

avouer : reconnaître devant tous

Cependant, les trois chefs étaient enchantés de posséder les trois manteaux, sur lesquels les animaux peints resplendissaient comme s'ils étaient vivants. Ils ne purent naturellement pas résister à la tentation de les porter pour se vanter d'avoir presque dompté leurs ennemis.

resplendir : briller d'un vif éclat

dompté : soumis et vaincu

Mais à peine avaient-ils posé les manteaux sur leur dos que le jaguar, l'aigle, les guêpes et les bourdons s'animèrent et commencèrent à mordre, à lacérer, à piquer les chairs des trois vieux, à tel point qu'ils crurent mourir de douleur. Ils hurlèrent si fort que tous les hommes et les femmes de la tribu accoururent. Ils ne se calmèrent qu'après s'être arraché du dos ces horribles manteaux.

lacérer : mettre en pièces, déchirer

Ils se retournèrent alors vers les jeunes filles et leur demandèrent furieux :
« Mais que nous avez-vous apporté ? Où avez-vous trouvé ces manteaux de malheur ? »
Que pouvaient-elles répondre les pauvres ? Elles pleuraient, effrayées, et confirmaient leur récit.

Les vieux comprirent alors que Balam-Quitzé, Balam-Acab et Iqui-Balam avaient encore gagné et que, cette fois-ci, ils avaient employé un subterfuge. Jusqu'alors ils s'étaient uniquement servis de leur force.

un subterfuge : ruse

On réunit encore une fois toutes les tribus.
« Puisque la ruse n'a pas réussi et qu'ils sont plus forts que nous au combat, essayons de les faire tomber dans un guet-apens. Si nous restons unis, nous les tuerons sûrement. Nous avons nos arcs et nos boucliers, nous sommes nombreux et eux ne sont que trois ! »

un guet-apens : piège tendu pour surprendre un ennemi

Cette décision fut approuvée par tous. Tout le peuple se prépara à la bataille. Splendides dans leurs armures étincelantes au soleil, les tribus se mirent en marche et se dirigèrent vers la petite colline sur laquelle campaient Balam-Quitzé, Balam-Acab et Iqui-Balam. Le plan était le suivant : on donnerait l'assaut au milieu de la nuit ; auparavant, toute l'armée s'arrêterait à une certaine distance du lieu du combat, en attendant que l'obscurité fut totale.Or, l'attente fût si longue que tous les guerriers, épuisés, s'endormirent.

Que firent alors Balam-Quitzé, Balam-Acab et Iqui-Balam ? Ils descendirent tranquillement la colline, s'approchèrent des soldats endormis et leur coupèrent la barbe et les cheveux. Ils s'emparèrent ensuite de leurs couronnes, de leurs colliers, des poignées de leurs lances et de tout ce qui était en argent. Puis ils repartirent tandis que les autres continuaient à dormir.

Que pouvons-nous faire maintenant ? Que devons-nous attendre de ces guerriers ? La mort ? L'extermination ?

Quand les guerriers se réveillèrent, ce fut un grand émoi dans tout le campement ; ils criaient tous en même temps :

« Qui nous a tondus ?

– Qui m'a volé mon collier, ma couronne ?

l'obscurité : absence de lumière

épuisé : à bout de forces

l'extermination : destruction complète d'un peuple

un émoi : agitation suscitée par l'inquiétude

tondu : coupé ras

– Quel est le maudit qui a pris la poignée de ma lance ? »

Mais les trois frères, à nouveau réfugiés dans leur forteresse, se livraient à un étrange travail. Ils avaient rassemblé des troncs d'arbres et les sculptaient en forme de silhouettes humaines. Ensuite ils posaient sur ces figures les cheveux et les barbes des assaillants. Ils enroulaient les colliers qu'ils avaient pris aux guerriers autour des cous des mannequins, posaient des couronnes sur leurs têtes et leur mettaient entre les mains de longs bâtons, dont le manche était recouvert de l'argent des lances des ennemis.

Vues de loin, ces marionnettes appuyées contre le mur d'enceinte de la forteresse donnaient l'impression de véritables guerriers, armés jusqu'aux dents.

Les pauvres soldats des tribus avançaient péniblement, honteux de leurs crânes rasés, de leurs lances sans poignées.

« Que ferons-nous à présent ? Les trois frères ont une armée pour défendre la citadelle.

– Du courage, mes braves, dirent les chefs. Il faut donner l'assaut, autrement nous n'arriverons jamais à les exterminer. »

Ces vaillantes paroles encouragèrent les soldats. Ils se préparèrent à la bataille.

se livrer à : réaliser

un mannequin : support représentant un corps humain

d'enceinte : qui entoure

armé jusqu'aux dents : possédant de très nombreuses armes

péniblement : avec difficulté

une citadelle : forteresse

vaillant : courageux

une courge : sorte de citrouille

rebondi : bien rond

s'en donnèrent à cœur joie : purent piquer autant qu'ils le voulaient

la clémence : indulgence, absence de sévérité

Cependant, les trois frères avaient trouvé derrière le mur d'enceinte quatre courges creuses. Il leur avait suffi de dire quelques mots pour qu'un essaim de guêpes et de bourdons arrivât et se réfugiât à l'intérieur de ces légumes rebondis. La journée se passa dans un calme absolu ; au couchant, les guerriers de toutes les tribus alliées montèrent sur la colline pour attaquer la citadelle. Que firent alors les trois frères ?
Ils fendirent tout simplement les courges pour que les guêpes et les bourdons puissent se disperser sur les assaillants qui furent immédiatement enveloppés d'un nuage pareil à de la fumée.
Les guêpes et les bourdons, inutile de le dire, s'en donnèrent à cœur joie. Ils se posèrent sur les nez, les lèvres, les yeux, sur les jambes et les bras des guerriers. Ils les piquèrent si douloureusement que les pauvres soldats abandonnèrent leurs armes et s'enfuirent.

Balam-Quitzé, Balam-Acab et Iqui-Balam sortirent alors de leur forteresse et poursuivirent les assaillants. Pour toute arme, ils n'avaient que des bâtons. Ils ne tuèrent pas un seul de leurs ennemis et montrèrent ainsi qu'ils étaient capables de clémence.

les Mayas : ancien peuple d'Amérique centrale qui vivait sur un territoire s'étendant du sud du Mexique au Guatemala

Toutes les tribus furent soumises à leur autorité. Les trois frères se souvinrent alors des trois jeunes filles qu'ils avaient rencontrées près du fleuve, un fameux matin. Ils demandèrent leur main, l'obtinrent et c'est de leurs mariages que descendent tous les vaillants guerriers du peuple maya !

Minh-Than · Siel

Contes et Récits Vietnamiens

Celui qui devint roi

conter : raconter
fabuleux : extraordinaire
un orphelin : enfant ou adolescent qui a perdu ses parents
un ermite : sage ou religieux qui vit éloigné du monde
deviser : s'entretenir familièrement avec quelqu'un

échec et mat : formule qui met fin à une partie d'échecs quand l'adversaire est battu

médicinal : qui permet de soigner

le destin : future existence, sort
se mettre en branle : se mettre en marche

une révérence : le fait de s'incliner pour saluer une personne importante

quérir : chercher
la hâte : précipitation

méditer : réfléchir longuement et profondément à une question

un écervelé : quelqu'un qui agit sans réfléchir

?!
?!
?!
PARS, PETIT HOMME! PARS RETROUVER MAÎTRE ET RAISON. PARS RETROUVER CELUI QUE TU ÉTAIS... SINON TA DESTINÉE S'ACHÈVERA ICI.
CETTE NOUVELLE T'A FAIT PERDRE LA TÊTE, MON JEUNE AMI.
LE CIEL A PEUT-ÊTRE RECONNU EN TOI TOUTES LES QUALITÉS POUR DEVENIR ROI...
MAIS N'OUBLIE PAS : FORTUNE ET NAISSANCE NE FONT PAS LA GRANDEUR D'UN HOMME, NON...
CE SONT SES ACTES JUSTES ET BONS QUI FERONT DE LUI UN ÊTRE EXCEPTIONNEL.
FORT DE CETTE EXPÉRIENCE ET DES ENSEIGNEMENTS DE SON MAÎTRE.
MINH-SHUN DEVINT UN GRAND ROI, BON ET JUSTE.

Celui qui devint

général

une invasion : attaque d'un pays ennemi

se mobiliser : se rassembler
réquisitionner : se faire remettre nourriture et matériel en temps de guerre
des vivres : de la nourriture

prodige : exceptionnel
subir : avoir à supporter

fougueux : plein d'ardeur
ériger : construire

une audience: entretien avec une personne de très haute importance

une requête : une demande

un dessein : projet
un cor : trompe

une déroute : fuite désordonnée d'une armée vaincue

enseigner : apprendre

Celui qui devint

moustique

modeste : de peu de valeur

écumer : sillonner la mer dans tous les sens

la sérénité : calme, tranquillité

digne de : qui a les mêmes qualités

empreint : qui porte en lui
consentir : accepter
ressusciter : passer de la mort à la vie

jonque : bateau à fond plat utilisé en Asie

la convoitise : grande envie de posséder ce qui appartient à quelqu'un d'autre

à bon compte : sans que cela lui coûte beaucoup
sans relâche : sans arrêt
en vain : inutilement

Celui qui devint

paysan

la tradition : coutume
les funérailles : cérémonie d'enterrement
se parer : se vêtir
les prérogatives: droits donnés par l'aînesse
un défunt : personne décédée
funeste : triste et malheureux
la pagode : temple en Asie

un carambolier : arbre cultivé en Asie, dont on mange les fruits
démuni : pauvre
de mauvais augure : qui porte malheur

un moyen de subsistance : moyen de vivre
au centuple : cent fois sa valeur

une livre : un demi-kilo

dépourvu : privé
être quitte : avoir remboursé sa dette
acquérir : obtenir

duper : tromper
virevolter : tournoyer sur soi-même
se délester : se décharger, abandonner

la cupidité : amour démesuré de la richesse

Celui qui devint

l'ami fidèle

piètre : de peu de valeur

rude : froid
le dernier souffle : dernier soupir
fastidieux : monotone et ennuyeux

assidûment : avec constance et application

le gîte et le couvert : où dormir et manger

la rancœur : sentiment d'amertume mêlé d'un désir de vengeance
un fourbe : traître
d'arrache-pied : énormément

une lacune : manque de connaissance
incomber : revenir
un subterfuge : ruse

Celui qui devint

le roi des animaux

décréter : ordonner

bovin : relatif au bœuf

effréné : sans retenue, fou
facétieux : qui aime faire des farces
céleste : du ciel

Table

Si tu as aimé…

Conte du Grand Nord
L'orphelin qui devint un grand chasseur de phoques
Jacques Pasquier
Illustré par Marianne Maury-Kaufmann

…tu aimeras aussi :

Pani, la petite fille du Groënland
de Jørn Riel

Illustration de couverture : **Ingrid Godon**
Livre de Poche Jeunesse n° **781**

Pani est une petite fille eskimo. Dans son village, c'est la famine. Son père, chasseur, n'attrape plus d'animaux dans ses filets. Car la mer est en colère : puisque les hommes maltraitent les animaux, elle les retient dans ses eaux. La vieille sage du village apprend à Pani qu'elle seule, qui sait parler aux bêtes, est capable d'adoucir la colère de la mer. La petite fille entame alors un long voyage merveilleux aux confins de la banquise…

Si tu as aimé…

Conte africain
L'orpheline
Djibril Tamsir Niane
Illustré par Christian Kingue Epanya

…tu aimeras aussi :

La vallée des Masaï
d'Alain Surget

Illustration de couverture : **Marc Daniau**
Livre de Poche Jeunesse n° **514**

Wah, un jeune pasteur masaï, a vu surgir de la plaine un merveilleux cavalier blanc. Il pense alors à une malédiction et se croit possédé par le mal. Aurait-il commis un sacrilège en prenant ce cavalier pour Ngai, le dieu des Masaï ? Wah l'ignore. Il sait cependant que depuis ce jour le malheur s'est abattu sur lui et son village, à l'image de la rivière, qui s'est asséchée. Pour chercher la cause de cette malédiction, Wah quitte son village et entame un long et périlleux voyage…

Si tu as aimé…

…tu aimeras aussi :

L'aigle de Mexico
d'Odile Weulersse

Illustration de couverture : **Franco Barnger**
Livre de Poche Jeunesse n° **372**

Chaque jour, Totomitl et Pantli, deux guerriers aztèques, doivent faire des hommes prisonniers pour les donner en offrande aux dieux. L'arrivée des soldats espagnols fait basculer leur quotidien et les entraîne dans des aventures périlleuses à travers l'empire mexicain.

Tu as aimé les Contes et récits vietnamiens ?
Après le Vietnam, pars au Japon !
Avec
OURACHIMA
LE BRAVE
Nathalie Bodin
OURACHIMA
LE BRAVE
DELCOURT
Récit complet • 32 pages • couleurs
Pour prouver qu'on est un « brave » dans ce petit village du Japon, il faut être prêt à relever tous les défis, jusqu'à mettre sa vie en danger ! Ourachima refuse, car il a sa propre idée du courage ! C'est ce que les « braves » ne vont pas tarder à découvrir !
DELCOURT
JEUNESSE

TU ES FAN DE BD ?
Découvre comment on fait une BD en lisant
BANDE DESSINÉE APPRENDRE ET COMPRENDRE
LEWIS TRONDHEIM - SERGIO GARCÍA
BANDE DESSINÉE
APPRENDRE ET COMPRENDRE
TRONDHEIM • GARCÍA
BANDE DESSINÉE, APPRENDRE ET COMPRENDRE
DELCOURT
La BD qui explique comment dessiner et écrire une bande dessinée
Album cartonné - 32 pages couleur
DELCOURT
TRAIT POUR TRAIT © Guy Delcourt Productions, 2007 - Lewis Trondheim, Sergio Garcia

Crédits photographiques
page 6 : Enfant Inuit (Tuktoyaktuk, Territoires du Nord-Ouest, Canada), © Paul Almasy/Corbis ; **page 7 :** masques Inuits, musée de Boulogne-sur-Mer, Pas-de-Calais, © N. Thibaut / Hoa-Qui / Eyedea Illustration ; **page 22 :** Enfant Indien Maya Cakchiquel, San Antonio Palopo, Guatemala, © F. Cavazzana / Hoa-Qui / Eyedea Illustration ; **page 23 :** Stèle située sur le site Maya de Quirigua, Guatemala, entre 746 et 810 après J.-C., © J.-P. Courau / Keystone-France / Eyedea Illustration ; **page 54 :** © C. Tréal / J.-M. Ruiz / Hoa-Qui / Eyedea Illustration ; **page 55 :** © Olivier Föllmi / Rapho / Eyedea Illustration ; **page 78 :** Portrait de fille, Vietnam, © X. Zimbardo / Hoa-Qui / Eyedea Illustration ; **page 79 :** Sculpture de la pagode des parfums, Nord du Vietnam, © J.-L. Dugast / Hoa-Qui / Eyedea Illustration.

Édition : Thierry Amouzou • **Fabrication :** Olivier Le Gall • **Illustrations :** Alain Boyer, Marianne Maury-Kaufmann, Christian Kingue Epanya, Carole Xénard • **Création de la couverture :** Laurent Carré, Alain Boyer • **Réalisation de la couverture :** Créapass, Paris • **Maquette intérieure :** Laurent Carré, Michaël Funck • **Réalisation :** Michaël Funck • **Photogravure :** Nord Compo

Achevé d'imprimer en Italie chez L.E.G.O.
Dépôt légal: 06/2009
Collection 73 - Edition n°03 - 11/7345/9